JN439150

그 방

이태순 시집

계간문예

그 방

출간의 변

돌이켜보면 나는 한이 많은 사람이다.
만약에 내 인생에 한이라는 글자가 없었으면
아마도 시심이 생겨나지 않았을 것이다.
글을 쓰는 내내
그 한이 애먼 작품에 스며들지 않을까 사실 노심초사했다.

책상 앞에서 늘 합당한 시어를 찾느라 고뇌도 많았지만
시를 쓴다는 것
더러는 내면에 잠재된 의식과 열악한 표현 때문에
온몸으로 울어야 할 때도 많았지만
내겐 시흥에 잠긴 시간만큼은 행복과 모험 그 자체였다.

나는 선하고 맑은 눈을 가진 사람을 좋아한다.
티 없이 맑고 선한 눈동자
어지러운 세상 속 순수의 오아시스 같은
그 맑은 눈동자로는
온 세상이 티 없는 깨끗한 순수로만 바라보일 것 같은 단지 그런 생각에서다.

허접한 인생 여정 일각을 형상 없는 형상으로 풀어 놓기 위한 작업이란

늘 머리로는 세련되고 시류에 맞는 글을 구상하지만

가슴에서 과거와 현실을 분리하는 법을 터득하지 못한 탓인지

언제나 그렇듯

내가 가진 소재와 능력으로는 숨이 막히는 한계에 부딪힘도 비일비재하였다.

세상 이치 모두를 담아내지 못하는 미흡함으로

시인이라고 칭하는 것에 대해 다소 쑥스러움이 있긴 해도

여전히 문장에 목마른 나

그럭저럭 네 번째 상재 하는 시집이다.

이 지면을 빌어 나를 아는 사랑하는 모든 분께 진심으로 감사의 인사드리고 싶다.

2023년 12월

이태순

■ 차례

제1부

제2부

제3부

제4부

제5부

제6부

제1부

인생 손익

새벽이슬을 사랑하며 살아가지만
나도 나를 모르는
애매모호한 인생철학

성숙과 미성숙 사이
자비 없는 소멸을 두고
열심히 살아왔던 대가로 계산할 때

저 인정의 뜰에서
한 송이 꽃으로 웃을 수가 없다면
나는 억울하다

눈물

다양한 감정의 군락지에서
격앙하며 숨죽이는
기쁨 후회 분노 슬픔
설움과 상처마다 내 미천한 척도로 표출되어
살갗 사이사이를 윤슬처럼 묻어 나와
빛으로 달래야 하는
눈물은 영혼의 카타르시스

메마른 실핏줄에 얹힌 삶의 무게
울어야 삭혀질 것들이
감당하지 못할 어지러운 난장마다
왜 그리도 많았는지
두 볼을 타고 주술처럼 흘러내리는 눈물방울
어둠 헤집어
어쩌자고 촛농보다 더 뜨거운가요

외등

더 이상도 더 이하도 흐트러짐 없이
부표처럼 떠 있는 외등
흥건한 어둠 속에서 긴 모가지 굽히고
촉촉하게 젖은 빛의 음소를
한사코 토해내며
지나가는 것들을 낱낱이 주시하고 있다

여운도 말간 초승달 머리 얹고
어둠 에워싸인
저 외등 눈부심 지르밟으면
환한 스포트라이트
적나라하게 비추는 나를 위한 무대
허접한 이력이 민낯 함께 여실한데

미몽에서 채 깨어나지 못했음을
아는지 모르는지
아직은 차가운 공기
가감 없이 클로즈업되는 주인공 치부에도
온몸 다 해 어둠만 밀어내며
무심한 외등 멀뚱히 바라보고 서 있다

영혼의 색

은발로 탈색된 머리카락
듬성듬성 빠져나가 버린 머릿속을 헤쳐 보면
거울 아닌 거울로 드러나는
매끄러운 맨살
이제 그 군상은 나의 벗

내 안의 영역에서 푸른 생기 넘쳐나도록
평생을 같이했던 머리카락
치렁치렁 머리카락 휘날리며
나도 한 시절
도시를 신나게 활보했었지

추풍낙엽 떨어지듯
온데간데없어진 머리카락
그나마 몇 올 남은 갈기의 우울을 털어내느라
검정이나 갈색이
덧칠할 영혼의 색깔을 찾는다

재생 불가

삶의 기쁨도 잠시
기억만 눈처럼 하얗게 녹아내리고
아쉬움뿐인
너무 빠른 세월 너무 짧은 삶

머문 곳에 미련 두지 않는
세월, 구름, 바람, 강물, 그리고 인생
약속은 없어도
또 저들을 따라나설 나

구름처럼 사라지고 흩어져 가고
부서지고 지워진
한생애 전성시대이던
아스라한 젊은 날

잠꼬대처럼 뱉어지는 지난 이야기들
굽이굽이 울음 울어
다 끝내지 못하였어도
더 이상 귀 기울이려 하지 마세요

노년의 비애

허접스러운 과거 따위나 떠올리며
금방 들은 것도 금방 잊어버리는 현실
뭐 그리 도움 될까만
잔뜩 쌓인 나이를 애써 부정하며
버려진 듯 길 위에 서 있다

할 일은 많고 아직 못다 간 곳 많은데
이미 저물 만큼 저문 인생
들리지 않는 귀를 열어
녹슨 추억이나 재생하는 처절함
그 넋두리마저 들어주는 이 하나 없고

힘들게 살아온 마디마디 인생 여정
주저리주저리 곱씹는 유형무형의 번민과
짓눌리는 늙음 두고
아무리 몸부림을 쳐봤자
세월 비켜 가지 못한 육신은 슬프다

물감통 색상

없어서는 안 될 해와 달과 물과 공기와 바람
그리고 푸른 하늘
헤아릴 수 없는 축복 속에 살면서
키 따지고 생김새 따지고
잘나고 못난 것 따지고
있는 것 없는 것 따지고
학벌이나 따지며 거들먹거리는 사람들
예전엔 구역질나고 역겨웠는데

각자의 품성과 개성과 성격
검정 보라 하양 빨강 노랑 파랑 등등
없어서는 안 될 물감통 색상들과도 같은 것
교만도 오만도
모두 소중하고 존귀한
아기자기한 인간사 양념의 조화로움
우리의 참모습
언제부턴가 그런 시각으로 바뀌 버렸다

자존심

어차피 인생은 홀로 왔다 가는 것
아무리 차가워도
등 기대어 울 수 없는
타인은 타인일 뿐

조용히 두 눈 감고
잘 살아
절망이었던 그 마지막 기억으로
오늘 또 하루를 버티면 돼

무서운 게 정이라지만
고리 끊어지던 그 순간마저 태연했으니
외로움과 외로움
새삼스레 눈물까지야

각오는 모질어도 눈만은 슬펐던가요
숨길 수 없었던
젖은 볼을
바람이 닦아주고 지나갑니다

우선 멈춤

과거란 명분을 싣고 돌아가는 무한궤도
많은 의문 속에 끊임없이 영원은 이어지고
우선멈춤 없는
물처럼 흘러버린 세월
아니 온 듯 함몰되어 사라져 간 허장성세여

약속이라도 한 듯 궤적 위의 궤적을 넘어
기억을 기억 속에서 기억만으로 기억해야 하는
심오한 순환의 원리
내일은 있으되 어제가 없는
구름 인생 세월 그리고 소중한 것들

영원으로 통하는 황량한 저 바다가
공터 되지 않기 위한 영세불망의 몸부림
거기서 빠져나올 줄 모르는
내 이기심의 그리움
이제는 그 유장한 고뇌를 멈추고자 함이다

어느 날 문득

누구나 천만년을 사는 듯이
몸부림을 쳐도
지극히 유한한 사람의 수명

그 불투명한 한계 위
목숨이란
한 방울 이슬과도 같은 것

꿈꾸는 듯 영원히 살 수 있고
눈물 없는
어디 그런 세상없나요

어떤 여정

제아무리 쏟아지는 눈부신 햇살도
손에 쥘 수 없듯
오고 가는 것이 내 뜻 아니고
붙잡으려 해도 붙잡을 수 없었던 시간들

많은 날을 열망으로 휘청거리며
현실과 맞서 달려왔지만
앞에 놓인 것은
형체 알 수 없는 가상의 그림자일 뿐

고통스러운 밤을 보낸
바람도 들지 못할 가시덤불 숲속
어둠이 물러 준 여명에도
어렴풋한 행복

속없는 세월이 펴 안긴
아무도 돌봐주지 않는 저 들판
근심 고초를 씹으며
어쩌면 이름 모를 풀꽃으로 살았다

아집

욕망의 비늘 같은 껄끄러운 것들을
허물 벗기듯 벗겨내고
해맑은 순수로
바람 속을 거닐면서
한세상 백지처럼 살고지고

차가움이 매섭게 전신을 점령하여
울음은 목에 차고
흐릿한 안개까지 밀려오면
아려오는 가슴으로
내사 허허롭던 시절의 참회록을 읊으리니

눈을 떠봐도 내일이 보이지 않는
아리송한 심상
길을 잃어서
설령 저 겨울 한복판에 서 있을지라도
여름날의 오색 무지개 꿈꾸리라

세대교체

한낮의 햇살이 식어 이미 홀대당하는 그늘은
한 걸음 더 일찍
빠르게 밀도를 떨어트리며
성급하게 자리바꿈할 준비하고

한층 새로워지고 싶은 또 다른 날을 기다리는
은근한 기대
설핏 자유로움
모든 것이 차라리 여기서 멈춰 주기를 바라는 마음

아직 끝내지 못한 일들이 절벅거리는데
교차 될 내일은
꾸역꾸역
나보다도 더 조급하게 서둘러 들이닥치다니

순응

나이테 깊숙이 망각 녹아들고
기력 떨어지고
수다도 사라지고
안 보이고 안 들리고 안 씹히고
무뎌진 감각과 친해야 할
힘에 부치는 걸음걸이
눈물겹게
모든 것들은 나를 추월하며 지나갑니다

기고 날던 시절도 어느새 일순간
이제야 인생을 알만한데
인간에게만
설명이 필요한 늙음
손에 쥔 것은 아무것도 없고
전신은 삐걱거리고
아웅다웅 한세상
한순간 꿈꾼 듯 덧없이 흘렀습니다

어떤 소회

나만의 가치와 나만의 자유로 사는 이 세상
잘 살아도 세월 가고
못 살아도 세월이야 가는 것

우주의 일원도 기적이고
여기까지 버텨 온 것도 기적이고
아직 숨 쉬고 있음이 기적인데

치열할 대로 치열한 생존경쟁
잘사는 것과 못사는 그 극과 극의 선상에서
찾을 수 없었던 삶의 명분

무위도식으로 허비한 많은 날
한해 한 해 돌아보면
하루는 길었고 일 년은 너무 짧았다

안부 유감

읽고 안 읽고 상관없이 날이면 날마다 채워지는
다양한 정보 때문에
메일함은 언제나 홍수 만난 저수지다

굳이 음성이 아니라도 안부를 알리기 딱 좋은
쉬이 접근하기 편한 통로
분명 살아있음을 서로 축하해 주는 행복한 시그널

알거나 아니면 생면부지거나
안면 상관없이 하루도 거르지 않고 날아 들어오는
저 관심 밖 사연들

인내심 한계가 테스트 되는 메일함을 열 때마다
수두룩한 정보, 문자, 뉴스 등등
가히 인맥 부자인 줄로 착각한다

골목 이야기

골목이란
좁다랗고 꼬불꼬불하고 답답해도
그 자체가 운치다

골목에선
모퉁이 어디쯤 낯익은 한 사람과
맞닥트릴 것도 같다

골목마다
별이 있고 사랑이 있고
희망 꿈꾸는 담길 따라 시린 정 널려있다

골목길은
더 이상 앞으로 나가지 못해
들어갔던 길을 되돌아 나와야 할 때가 있고

골목들은
이리저리 연결되는 소통의 시발점
큰길 향한 소망으로 누워 있다

골목 추억

굳이 귀 기울이지 않아도 정겹게 들리는
도시의 저 안쪽
얼핏 설핏 낮은 리듬들
서로서로 안부로 맞닿아 있는 지붕과 지붕

향수 무수히 흔들리던 때
낡은 소문들이 담을 뛰어내리는
휘어진 변곡점에서
한두 번쯤은 울어도 보았을 너와 나

찬바람도 되돌아 나오던 막다른 벽 앞
저만치 어둠 웅크린 아픔
와락 와 닿던
어머니 울음 닮은 바람 소리

의문 속의 풍경처럼 삐뚤빼뚤 이어지는
굴곡진 골목길
현기증 나는 그 가난한 협곡
발걸음 가볍던 먼 약속의 미로였다

편견

부자라고 반드시 악인이 아니듯이
가난하다고 꼭 선인도 아닌
선이나 악이나 마음먹기에 달렸다

비운다는 것이 채우기보다 어렵고
넘치는 건 모자람만 못하여
내려놓음이 붙잡고 있기보다도 힘이 든다

영원히 누릴 것 같은 어리석은 생각
달도 차면 기우는 것
욕심이란 인간 본연의 욕망일 뿐이다

호수는

통제 속 자유로 한숨처럼 떠돌며
은빛 도도하게 낮은 지성으로 반짝거려도
흐르지 못하는 저 호수
그리운 것만 그리운 것이 아니었다

흐려진 수정체에 비쳐 드는
바다 향한 너의 꿈 사라져간 나의 꿈
해독하지 못할 문자되어 수면 위를 떠돌아도
그다지 비밀은 아니련만

웃어야 할지 울어야 할지
안개 속에 버무린 소통되지 못한 것들이
반짝이는 호수의 별 무리 함께
이룰 수 없는 먼 꿈과 조우하려 든다

제 2 부

봄나들이

차가운 겨울을 물리친
몽환의 뜨락
봄 햇살이 야무지게 이끌고 온 익숙한 향내에
얼어 있던 목젖은 사르르
눈부신 새봄을 마중하려 합니다

단절되었다 깨어난 지상의 늪
기도의 응답인 양
풀빛 훈풍 무등을 태워
내 작은 영토에 초대한 당신
헤실거리며 망각을 토해내고 다가오는 저 아지랑이

연두로 채색된 스카프를 두르고
언어들의 이탈이 내다보이는 환하고 커다란 창가에서
꽃 그림 찻잔 주문하여
생존이 확인될
봄날 기억을 타서 함께 마실 참이죠

4월 연정

날 밝기를 기다렸다가 잎보다도 먼저 나온
아기 볼처럼 뽀얀 꽃송이
가난의 행렬로 이어진 한기를 녹여서
가슴으로 피어난 꽃

아직은 에이고 시린 4월 찬바람
온천지에 비처럼 흠뻑 흩날리는 꽃잎들
저 아름다운 이별은
이 봄 가기 전에 겪어야 할 또 하나의 슬픔

그 매서운 엄동설한을 어떻게 견뎌 왔는데
봄날을 뒤로 해야 하는 허망함
떠나는 이의 천근 발걸음
그 미련의 아픔을 나는 알 것도 같습니다

새벽 올 때까지 지새고 싶은
아쉬운 짧은 만남
시간이 아주 느린 걸음으로 가주기를 바라면서
우리 함께 눈부신 4월을 노래합시다

모란 피다

생전 모습 어머니의 염려이듯
어젯밤부터 조곤조곤 내린 봄비

우아하고 그윽하게 피어난 꽃 중의 꽃 모란꽃이
봄날 시를 쓰게 합니다

몽글몽글 송이 송이마다
함초롬히 어여쁜 꽃

카메라 셔터를 절로 열게 하는 야무진 겸허
필 때도 시들 때도 고운 자태

달이 이울도록 아름다운 꽃
꽃들의 고향을 궁금하게 하는 저 꽃

배냇짓 하는 아기 미소처럼 화사한 뜨락
짙은 향유로 묵상합니다

나팔꽃

나팔꽃들이 싱그럽게 수를 놓은 울타리
이른 아침을
상큼하고 신선하게
마당 가득 고운 생기로 채웁니다

여름 내내 뻗어 올라 불어대는 나팔 소리
송이송이 합성
가만히 귀 기울여 들으면
높이 높이 올라서 황제가 되겠답니다

고향의 꽃

실오라기 줄기에다 예쁜 꽃 매달고
언 땅 딛고 돋아난 가녀린 잡초
풀꽃 중엔 키 작은 꽃
허리 굽혀야 입맞춤할 수 있는 연보라 제비꽃

그저 익숙한 흙냄새 풀냄새로만 무장하고
긴 겨울을 숨었다 나와
세상과 어울리려는
말캉하게 짓무르는 여린 저 꽃대

매혹이라기에도 향기라기에도 다 좋은
강남 갔다가 돌아오는 제비 나래짓을 닮은
살랑살랑 소곤소곤
촉촉해 지는 내 눈가

은방울 이슬에 봄 내음 활짝 묻혀서
귀하지도 천하지도 않을
고향 들녘에 피던 꽃
너는야 추억 나는야 그리움

찔레꽃

언덕 오르내리며
까치발로 부드러운 찔레 순 골라 꺾어주던
그 손길은 어디에

맺지 못한 인연도
한순간을 스쳐 지나면 사랑이라 여기겠지만
돌아보니 그 또한 서러움

잔바람에 파르라니 떨고 있는
기억도 아릿한 찔레꽃
지금 이곳에서 하얗게 피어 흐드러져 있는데

꽃이라야 똑같은 꽃이로되
가슴 깊은 그 기억을 화답해 주지 못하는 꽃
애먼 향내까지 낯설다

해바라기

커다란 얼굴 한판 빼곡 필생의 공동 운명체로
꼭꼭 틀어박힌
알알이 까만 씨알
어지간히 태양만을 바라보지요

온종일 해 따라 도는
직립이 버겁도록 키가 큰 해바라기
함박웃음은
야광보다 더 샛노랗고 환하답니다

해를 품어 노란 꽃
여름 내내 야물게 익히고 영근
동그라미 속의 배열 맞춘 새까만 저 눈알들은
해가 지면 무엇을 바라볼까요

모가지가 꺾여도 우왕좌왕 흐트러짐이 없는
질서 정연한 한 톨 한 톨의 씨앗들은
촘촘히 밀착된 지성으로
제각각 분열하지 않습니다

할미꽃 가족

붉긴 붉어도 암울로 붉어 핀 꽃
아예 겸손을 사양하고
날 때부터 등 굽어
설마 설마 다시 봐도 다시 섬뜩한
미소는 미소되 야릇한 저 미소
어쩌자고 날 때부터 호호백발 할머닌가요

아기 꽃 어른 꽃 얼핏 보면 예쁘다마는
만 리 밖 늙음 다 쓸어 모아
모두 꼬부랑
쳐다보면 볼수록 소름 쫙 돋는 꽃
이 화창한 봄날
왜 온 가족 모두 백발 쓰고 모였답디요

푹 수그린 고개 오싹하고 미묘한 저 여운
음습한 맵시에
하늘 한 번 못 보고 땅만 보고 사는 꽃
내 늙음도 버거우니
내년 춘삼월엘랑
백발을 벗고 허리 펴서 환히 웃고 오시오

목백일홍

한 번 피면 백일 간다는 목백일홍
숨 막히는 더위에 목 한번 축여 주질 못했어도

선잠 깨워 기대의 꽃말 흩뿌리며
역동적인 삶을 읽어 내리게 하는 한여름날 정원

먼 꿈을 데려와서
미천한 나의 입가에 미소가 돌게 합니다

오랫동안 꿈꾸게 하는
십일홍 아니 목백일홍의 꽃그늘

연분홍색 꽃 향연
아름대로 꺾고 싶은 자고 나도 고운 선율

백일은 길고 길어
깊이 파인 주름살까지 향내 스며듭니다

찔레꽃 피면

세상천지가 온통 초록빛으로 물이 들고
들판 가득 흐드러져
발걸음을 붙잡는
하얀 찔레꽃
아련하게 떠오르는 고향 생각
벌 나비보다 더 오래 서성여야 했습니다

얼키설키 무심하게 엉킨 가시덤불 숲새
살랑거리는 엷은 꽃잎
정오가 흐르고
오수는 밀리는데
설움 서러움이 가시마다 깃발로 꽂혀 들어
잠깐의 정적에도 등 기대지 못했습니다

꽃보다 이파리

무성하게 우거진 나무 이파리들
초원의 하모니
날 밝자마자 창문 한가득
짙은 초록 꿈 빛깔 커튼을 드리운다

졸망졸망 매달린 나뭇잎
녹색 휴식으로 심신은 맑게 수혈되고
상큼한 인사가 바람에 실려 오는
이 평화로운 아침

잠깐 피었다 시드는 꽃송이
거기에 외면당할 뻔한
풍성하고 넉넉하고 짙푸른 초록 상념
게다가 의미심장한 저 여운

열흘 못 가고 이별할 꽃
오매불망 꽃바라기만 하던 우매함이여
단언컨대
꽃보다도 이파리로다

화무십일홍

꽁꽁 싸맨 겨울을 무장해제하고 피어난
송이송이 여린 꽃송이
모두 멀고 먼 미래에서 온 나그네들

가슴과 가슴마다
희망 심어주고
절망을 구해줄 이방인

혹한 견뎌내고
의연히
귀하고 당당하게 피었는데

꽃눈 틔운 그 매몰참 어디 가고
봄날을 꿈꾼 듯
어쩜 그리도 허망스럽게 떨어지나요

낙화 유감

뚝뚝 떨어져 가는 목련

저 창문 밖의 하얀 허무함

어두운 나락으로 사라져 가는 것들

빛을 등진 절규

나는 또 한 번

형상이 파괴되어가는

슬프고 슬픈 이별을 보아야 했소

억새 있었네

마를 대로 말라버린 잎과 잎 부딪는 소리
시퍼런 비수로 꽂히는 무서리
굽이치는 강물 소리
사랑만을 원하지 않을 억새
옆에 누운 사람 없이 홀로 듣는
피멍의 서글픔
겨울 한복판에 떨고 서서 초라하게 부스럭거리는
저 뜻 모를 아우성을
바람은 못 들은 채 그냥 스쳐 지납니다

더러는 나약함 더러는 강인함에 분장 된
이 끝과 저 끝에서
세상천지 선하디 선한 외곬 억새
꼿꼿하다는 명분의 화신으로
소모된 양심
또는 세월 앞의 두려움
부글부글 끓어오르던 서슬 퍼런 칼날 위세가
한낱 어리석음임을
한시절 가고 난 후에야 아는 듯합니다

어둠의 매력

무수히 많은 천상의 별빛들
파문 남기며 수직으로 하강하는 별똥별
환상과 착각 속을 치닫게 하는 노란 반딧불이
그 모두 어둠에서 비롯되고

일상을 헝클어 놓은
언제인가 가슴앓이로 끝나버린 네 이름 석 자
목청껏 불러 볼 곳도
체념 압축된 깜깜한 저 어둠 끄트머리다

어둠이 좋은 이유

빛을 좇아 헤매는 절벅거림
어둠을 먹어야 자라는 일찍 알지 못하였던 것
그 속에는
우월도 좌절도 모두 평행선

금빛 반짝거림의 수면
현란하다 못하여 어지러운 색색의 도시 불빛들
모두 어둠을 헤집지만
어둠은 많은 걸 덮어준다

어둠 속에서

분분히 가슴 아파 울고 있어도
달래주지 못하면서
무리를 지어서 밀려오는 까만 어둠

가끔 꿈같은 뜨거움도 있었지만
형체가 없는 초조함
속내 고약한 고독과 싸워야 하는 이 밤

한 가지 다행한 것은
마침표로 잊어야 하는 이름 석 자
저 어둠에서만 지울 수 있다

낮에는 몰랐던 것들

심신 소진된 낮이 지나면
다시 물빛은 검어지고
급속하게 밀려드는 어둠을 기다리고 있던 것들
강렬하게 침범하는 빌딩 네온
어깨 위로 엄습하는 피로감
낮에는 몰랐던 것들이다

가장 격렬하게 반짝이는 발광체로
시리도록 새하얀
밤이 창조하는 순결의 공간
한 번도 밟아보지 않은 순백색 은하수 카펫
세상 밖 저 우주적 효과도
낮에는 몰랐던 것들이다

칠흑 어둠에 갇혀버리고 싶었던 적
마음 다잡던 수행의 시간
언젠가 본 듯한 내 어머니의 생전 모습과도 같은
너그러운 저 달의 미소
그 온화함도
낮에는 몰랐었다

동면 중

기다리지 못하는 바람처럼
일순간에 스쳐 지날 일도 아닌데
냉랭한 서릿발 영역
죽은 듯이 멈추어져 있는 것들은
내 안에서 설명이 필요하단다

성급하게 나댈수록
오해는 오해를 낳게 되고
뭐든 바라는 대로 행하지도 못하면서
심장과 심장 조이게 만드는 것들도
모두 다 조급한 성격 때문

언제나 때가 있는 법
아직은 꽃잎을 이끌고 올 수 없는 바람
얼음처럼 차가운
어지간히 냉기 도사린 겨울만큼은
차라리 침묵이 소통이다

황금시대

청춘만 축복이라고요?

글쎄요

나에게는

황혼의 노년도

분 넘치는 축복이외다

제3부

엄청난 차이

기능을 파고들면 파고들수록
똑똑한 휴대폰
기능을 알아 가면 알아 갈수록
더 편안해 지는 나

기능을 모르면 모를수록
멍청하기만 한 휴대폰
기능을 알려고 하지 않으면 않을수록
더 멍청해지고 마는 나

변화

예전에는 아무 곳에서나 눈에 잘 띄던

까만 머리카락

지금 어수선히 널브러져 있는 저 흰 머리카락

이제는 까만 바닥에서만 눈에 띈다

두려움

때로는 뜨겁고 때로는 차가워도
하루하루 모두 선물 같은 나날들
저 풍요로운 햇살 아래
꽃만 봐도 즐겁고 비만 내려도 좋은 세상인데
육체 따로 영혼 따로
언젠가는 본적을 버리고
멀고 먼
미지의 그 길을 떠나야겠지요

누구라도 피할 수 없는 어둠의 나락
내일 일은 아무도 모르는 것
꿈인 듯 생시인 듯
서투른 내 문장 싣고 환청 같은 바람 불어준다면
한번 가야 할 기약 없는 길
한걸음 또 한걸음
아마도
고향 다니러 가듯 할 겁니다

제일 큰 시계

무한한 변화를 품은 지상
만고의 진리로 회귀를 거듭해 오는 대자연
알면 알수록
한 치의 오차 없는 우주 본성과
변화무쌍한 24절기는
과학도 넘지 못할 정교한 알람이다

위대한 대자연과 화해해야 할
수만 가지의 매력과 공포와 불가사의들
웃고 울고 살아가는
그 진리에 기대인 사람들
인간이 제아무리 앞서간다 해도
정복되지 않을 대자연의 법칙

깨우기도 하고 재우기도 하는 자연
그리고 그 미스터리 속을 사는 너와 나
멋진 사계절 향연
어김없이 돌아오는 가장 위대한 불멸의 원칙
봄 여름 가을과 겨울
자연은 이 지구상 거대한 시계판이다

넓은 세상

휴대폰 기계 안에서만 시끌벅적대는
먼 웃음소리들
영상통화로는 감질나서 아무리 봐도 안 본 듯
고물고물 조무래기 손주 셋
간접 만남은 그리움을 해갈해 주지 못한다

맹세코 생각지 못한 이별
커 가는 모습 한 울타리에서 지켜보며 살고 싶은데
지구의 이 끝과 저 끝
가도 가도 그렇게 멀리까지
소금기로 가라앉혀야만 하는 그리움

세상은 넓고 넓은 것
원대한 꿈과 더 큰 이상도 좋다마는
지구상의 모든 해맑음을 눈에 가득 담아서
많이 보고 많이 듣고 많이 배우되
너희가 태어난 곳도 잊지 말거라

공짜는 없다

각고의 단련 끝에는 반드시 대가가 있는 것
언뜻 선뜻 얼핏 설핏
저쯤이야
옆 사람 한 번이면 나는 두세 번
다분히 욕심 배인 곁눈 저울질
세상에 그저 얻어지는 일이라곤 없는 법
끊임없는 노력과
혹독한 고통 뒤에야
멋진 결과가 나온다는 걸
너무도 잘 아는 헬스장 운동 기구
새벽부터 뜨거움을 어머니 가슴처럼 뿜어내는
리듬 아니면 무게
유연하고도 부드러운
강인하고 멋진 체력과 정신
빡센 호흡의 시를 몸으로 쓰는 헬스장
젖 먹던 힘 다해 쥐어 짜며
건강한 체력을 열망하는 부지런한 사람들
송골송골 이마 엠보싱 되는 땀방울
근육과 근육
이 아침 뭐든 다 들어 올릴 기세다

건강한 화음

촘촘하고 묵직하게 나열된
헬스장 금속 기구
마치 안전모라도 써야 할 듯한
간밤 격전의 힘겨루기를 모두 종료하고
휴식도 끝난 새벽
후끈한 열기로 녹아내린
어젯밤의 땀 냄새가
구조물 숲 틈새 틈새에
거친 호흡과 함께 홍건히 녹아 있다

두 어깨 위에 번쩍 올려지는 육중함
벤치프레스와 한판 뜨기
성취감 찬 기합 소리
누군 걷고 누군 뛰고
리듬 따라 헉헉대는 러닝머신
쇠 결이 의자에서 새어 나오는 뿌듯한 신음소리
생기가 에너지로 전환되는
희열에 찬 땀방울
후끈 달아오르는 헬스장 풍경

기억의 강

키가 큰 수양버들이 몸을 적시던 앞 냇가
목까지 차오르는 물에
정신없이 풍덩거리고 노느라
해 가는 줄 모르던
어린 시절 뜨거운 한여름날을 즐기기엔
멈춘 듯 흐르는 강물만 한 게 없었다

개헤엄으로 겁 없이 첨벙이기도 하고
눈 부릅뜨고 깊게 잠수하여 땅을 짚고 기다 보면
흙탕물 출렁대는 얕은 강섶과 달리
노란 햇살 내리꽂혀
시간이 멈춘 듯한
딴 세상 같은 물밑 정적에 마냥 행복했었다

물은 깊을수록 혼탁하지 않다는 것은
익을수록 고개를 숙이라는 뜻
철부지 눈에도 정갈하고 맑게 비치던 그때 그 영상
잊혀지지 않는 메시지
백 마디의 말이 필요치 않을
큰 가르침의 스승으로 오래오래 남아있다

강과 바다

얕아졌다 깊어졌다 좁아졌다 넓어졌다
산골짝 어딘가에서 꼬불꼬불 내려오는
고향 어귀 풍요로운 물줄기는
많은 것들을 적시며
바다로 흘러드는 여정을
사시사철 한 번도 멈추지 않았습니다

햇살 아래 하얗게 반짝거리는 바윗돌
시리면서도 맑은 강물
언제나 평온한 수면
온종일 친구들과 물장구치고 놀다 보면
허리만큼 닿던 물이 어느새 바닷물과 뒤섞여서
목까지 차올랐습니다

어제나 오늘이나 먹고 산다는 메마름으로
남을 헤아려 보지 못한 삶
뉘엿뉘엿 져 가는 해
강물에 실려 오는 모두를 받아들이며
넉넉하게 강을 품던 그 바다가
살아온 족적을 문득 돌아보게 합니다

안 되는 건 안 된다

살가운 실바람 불어오기도 하더니만
잡지도 막지도 못할 세찬 바람
어디서부터 인가
거칠게 거칠게 마구 휘몰아치며 달려와서
곪아 터져 아픔만 남은
헌 육신과
여기저기 어지럽게 난무하다 처박혀 있는
틈새 틈새와
헐벗은 곳을 때리고 훑어서
정지되어있는 모든 것들이 뒤집혔는데도
얼마나 무거웠으면
이 가슴에 붙어 있는 조그만 응어리 하나
그 바람이 떼어 가지 못했을까요

세월은 약

그립던 사랑 어디쯤에선가
언뜻 떠올려지는
오랫동안 잊고 있었던 호수 같은 눈동자

오싹하고 으스스하던 칠흑 고갯길을
꿈 자락 날리며
겁도 없이 넘나들었지

추억이 제아무리 아름답다 한들
밤하늘
한순간에 사라지는 별똥별과 같은 것

어느 하늘 밑에서 누구랑 살고 있는지
어떻게 변했는지
아니면 정작 살아나 있는지

그때 같아서는 견디지 못할 줄 알았는데
기억나지 않는 소설처럼
그렇게 깡그리 잊고 살았다

사랑의 공간

그대와 나의 사랑은 그저 스친 인연일 뿐
겨울로 가두어진 차가운 가슴으로는
그립다 그립다 말하지 말아요
그 싸늘한 체온에 기대이지 않으리니
바람 부는 길모퉁이에서 뒤돌아보지도 말고 가세요
삶이란 사랑만을 위해서가 아니잖아요
외로움 위의 외로움이 새 움을 틔워서
아름답고 강렬한 사랑 꿈처럼 찾아온다 해도
떠나고 나면 또다시 서러울 것
밤하늘 저 별은 내 마음을 압니다

살다가 보면 잊을 것들은 너무 많은데
천지의 가을에 나뭇잎이 물든다 해도
못 잊는다고 못 잊는다고 말하지 말아요
웃으면서 보내는 이 마음에 뼛골이 시려와도
아무 말 하지 말고 모르는 사람처럼 떠나가세요
삶이란 사랑만을 위해서가 아니잖아요
외로움 위의 외로움이 새 움을 틔워서
아름답고 강렬한 사랑 꿈처럼 찾아온다 해도
떠나고 나면 다시 또 서러울 것
밤하늘 저 달은 내 마음을 압니다

갈래길

이리로 가는 편이 좋을까
저쪽으로 가는 편이 좋을까
어쩌면 일생일대 전환점이 될
수신 없는 선택
그 운명의 선상에서 망설이고 망설이다가
어렵사리 결정한 한쪽

어디로 가야 꽃길일지
아니면 수렁일지
길은 길을 어제는 어제를 삼키려 들어
불안 반 호기심 반
예측도 확신도 불가능하던
갈팡질팡 갈래 길

동전 양면 같은
오리무중 속
두 갈래의 기로 위에서
시선 따로 가슴 따로 호기심 반 의문 반
발길 닿는 대로 걷다 보니
지금 여기까지 다다랐습니다

자연계 최강자

세상 만물들의 자연스러운 생장과 소멸
그러나
죽음 앞에서
유독 인간사회는 극도로 우울하고 심오하다

수명연장의 무한한 갈망과 추구와 처절한 염원
그것 또한
자연에 대적하는 지구촌 모든 생명 중
인간만이 유일할 것

짧다면 짧은 인생
죽지 않고 오래오래 살고 싶은 장수의 열망
그 끊임없는 노력
그리하여 인간은 자연계 최강자다

동상이몽

끌어안지 못하고 밀어내기만 하는 바람
어디서 왔다가 어디로 가길래
어젯밤 봄비 내린 마당에
소리 없이 벌인
방긋 웃는 꽃송이도
본체만체 스치고
설익은 것들까지 송두리째 싹 훑어서
비몽사몽
마법의 속성으로 사라져 가느냐

오며 가며 보고 들었던 인생사 넋두리
몇 낮 몇 밤이 지났는지
나는야 나누고픈 정담도 많건마는
겨우 달군 온기 식히고
내 늑골 밟고
구름 쓸고 객기 쓸고 무정세월 싹 쓸어서
두루두루 오지랖
나와 상관없는
혼탁의 저 바다까지 참견해야 하느냐

인생 쪽배

구름 한 점 덧없이 흘러가는 하늘
볼 스쳐 가는 바람
속삭이듯 다가오는 검푸른 물결
혼잡한 인연들과 마주칠 일이 없을
미래 희망 안내하는
저 멀리에 첨탑 같은 등대
쪽배 하나가 떠 간다

초라함 버리고
욕심 버리고
고뇌를 버리고
부귀도 버리고

검어진 하늘 반짝거리는 별빛 무리
넘실넘실 세월 넘는
무상무념만을 실은 쪽배
아스라하게 하늘 맞닿인 수평선
지상 휩쓸고 온 파도에
드넓은 푸른 바다 자유로 춤추며
유유히 쪽배 흐른다

내가 할 수 없는 것 중

안경 렌즈는
빠득빠득
어느 때라도 깨끗하게 닦아 쓸 수 있지만

날마다 침침해지고 흐려오는
내 눈동자
답답해도 아무 때고 꺼내서 닦아 쓰질 못하네

이 세상에서 가장 아름다운 길

발에 걷어 채이며 나뒹구는 동심 세계 부호 같은 흙 묻은 돌멩이만 깔린 신작로는 한가한 정적 속에서 언제나 핼쑥한 얼굴로 길게 드러누워 있었다.

가로등도 없고 자동차도 자주 없던 길

나는 그 길에서 두 눈 감고도 친구 집을 다 찾아낼 수 있었고 또 그 길을 지나다니는 모든 사람은 내가 거의 알 수 있는 사람들이기도 하였다.

그 길에는 해 질 무렵이면 언제나 버스 한 대가 낯설 듯이 들어오는데 그 버스가 멈추면 누가 오는지 궁금하여 사람들은 차 옆으로 우르르 구경꾼처럼 모여들었고 때로는 어리던 나도 그 틈을 비집고 파고들어 차에서 내리는 사람들을 구경하였다.

어른들은 외지에서 온 친척이나 손님을 마중하여 반가움에 서로 부둥켜안기도 하고 또 간혹 기다리던 사람이 오지 않았는지 저 멀리 사라지는 차를 오래도록 바라보고 서 있는 희비 교차하던 종착지이기도 했다.

저녁밥을 먹고 난 후에는 친구들과 약속이나 한 듯 어김없이 모여들어서 웃고 떠들며 술래잡기와 달빛 아래 그림자 밟기 놀이를 하곤 했는데 아마 밤이 되면 우리가 나오기만을 기다렸을지 모르는 그 길바닥은 온 동네 안마당이자 만남의 광장이었으나 생각해 보면 사실 가난하고 굶주리고 헐벗은 나락의 언저리였다.

그렇지만 언젠가는 원망과 고단함과 가난을 박차고 비상할 도움닫기로 내디딜 유일한 희망의 행로이기도 했었다.

어쩌다가 붕 하고 지나가는 자동차에 흙먼지가 일어 한참 동안 앞이 잘 보이지 않았고 아직 덜 성숙 되었던 천진무구한 친구들의 웃음소리가 흩뿌려져 있는 신작로, 시린 성장의 내력을 가장 잘 알고 있는 최초의 고향이자 아마도 최후의 고향이 될지 모르는 유년의 추억이 보관된 그 길은 지금도 눈앞에 삼삼히 어려와 밤마다 꿈마다 찾아 나서는 그리움의 현주소이자 돌아보면 나에게는 세상에서 가장 아름다운 길이다.

어떤 생각

이 순간에도 몽땅 아픔으로 오고 있는
한때 나의 판단들

고질병처럼 치유가 되지 않고
안으로 짓무르는 이유

주제 모르고 뛰어넘고 싶었던 시절의
모험과 시기와 오만

스스로가 감당할 수 없던 것들에 대한
서툰 참회일지 모른다

껌딱지

그 언젠가 어딘가에 처박아 놓고서
한 번도 눈길 주지 않은
더구나 맨정신으로는
풀어 보고 싶은 생각이 눈곱만큼도 없었던
칙칙한 과거 보따리

새삼스레 작정한 듯이
상실의 시간을 벗고
유령처럼
한 번도 경험해 보지 못한 빠른 속도로
무섭게 내 안에서 풀어헤쳐진다

생각만 해도 뒤숭숭해 오는
아픈 껌딱지 과거사
살며시 없던 이야기가 되었으면 하는 것들
아니 남의 이야기가 되었으면 하는 것들
오늘 밤 저 빗물에 모두 씻기어 버려라

제 4 부

망각을 부르다

이따금 머리를 어지럽혀 오는
순간순간의 일들
언제 그랬냐는 듯 까맣게 잊히어
돌아볼 일 없는데

어느 한구석에서 기다린 듯 도사리다가
격랑의 파도를 넘어
별안간 가슴으로 꽂혀 드는
지난날의 과오

구름이 푸른 하늘을 숨기듯
내 칠십여 년
아니 그보다는 더
그냥 이대로 모른 척 묻어 둘밖에

세대 실감

우아한 잔상은 사라지고 하르르 흘러내린 꽃
짙푸르던 나무는
뼈마디 끊는 고통으로
계절 가기 전에 준비해야 하는 이별
벌써 무성했던 살들을 털어내기 시작합니다

짧고도 긴 시간 길고도 짧은 시간
그러나 모두가 아쉬움
한낮 뜨거운 열기도 식어 지면 그립고
잠깐 머물러서 고운 무지개
열흘 못 간 꽃송이가 아쉽기만 합니다

화창한 봄날을 불타는 여름이 밀어냈고
미완성의 추상화 속
멀찌감치 가을을 밀어내는 겨울
마음은 아직 청춘인데
시간은 저 멀리 나를 밀치고 갔습니다

폐업정리

한때 가슴 찌릿했던 순간들을 모아 모아서
사랑이란 제목 붙여
고이 표구해 둔 액자 몇 점
오랜 세월 동안 쉰내 나게 걸리적거리며
기억의 갤러리에 방치되어왔다

시도 때도 없이 스멀스멀 기어 나와
한때 사랑이었노라 나대며
불면의 밤을 어지럽히는
바윗돌에 짓눌린 듯 어렴풋이 보관돼 오던
저 불편한 진실들

누구에게나 추억은 있는 것
추억은 아름다운 것
그러나 추억은 어디까지나 추억일 뿐
회상의 명분으로 걸린 액자를
지금 한 점 한 점 미련 없이 싹 처분 중이다

10월이 가는데

구름 한 점 없는 청풍 밤하늘에 유난히 가슴을 후벼 파고 있는 달빛
저 달이 제아무리 밝아도 오늘 밤 내 편은 아닐 터
속앓이 가슴 까맣게 태우며 눈을 감고 있어도 오지 않는 잠
어둠만 복잡스러운 생각 위에다 불면을 문신처럼 새겨놓았습니다

방안의 고요가 쓸쓸함을 힐끔거리고
구슬픈 은유로 되묻어오는 순간순간 처량한 귀뚜라미의 울음소리
속내와 모습은 보이지 않지만
필시 나와 같은 사연으로 울고 있을지도 모릅니다

이미 싸늘해진 방안 온기와 열정
그리고 또 어디론가 떠나야 하는데도 갈 곳이 없는 나
갈팡질팡 뒹구는 낙엽
잠은 안 오고 눈시울만 더 뜨거워집니다

정적을 가르며 큰 소리로 우는 어쩌면 10월과 딱 어울리는 귀뚜라미 저 울음

아무것도 그립지 않을 때까지 차라리 그 울음 따라 울고 싶은 밤

많은 것을 지우기엔 너무 짧은 10월의 늪

아릿하게 시린 것들이 왜 10월로만 모여드는지 알 수 없는 밤입니다

회상

이럭저럭 한세상 사는 동안
숱한 시행착오와
행운도 있었지만
나만의 색깔
내 고유의 향기는 찾지 못했습니다

펄떡이는 심장을 가지고도
불의를 외면하고
작은 일도
끌탕 하다가
좌절하며 몇 날이고 밤잠을 설쳐야 했습니다

알량한 주변머리로는
그 모두가 두려움
새처럼 날고 싶었던 많은 날
그러나 한 번도 펼쳐보지 못한 나의 날개
이따금 눈을 감는 이유입니다

가을밤

재생되지 않아도 될 과거가 허물 벗는
공간과 공간 사이
세상 어디에도 없을 아름다움이여

하늘 언저리를 굽이굽이 돌아
시름처럼 바람처럼 물처럼 흘러가는 달
허공은 허공만이 아니리

내 마음 맑기로서니
고요한 하늘 지락 그리움 안고 떠 있는
어찌 저 滿月만 하랴

금빛 광채 찬연히 쏟아져서
흩뿌려진 고운 언어로
가을밤 하늘은 시리고도 황홀하다

열쇠 한 쌍

합궁에서 절정에 이르기까지
언뜻언뜻 어둠 뚫은
지고지순한 절제

숙명적 암수
다소곳이 살 비벼대는 짜릿함
완벽한 동반자

차가운 감촉 속에서
비밀처럼 도사리고 있는
온기 없는 냉혈

중증처럼 냉랭하지만
한 치 오차가 있을 수 없는 결과물
그것은 바로 사랑이다

새벽 산책

아무도 오가지 않는 어둠 덜 깬 강변
침묵 그 이상의 희열 함께
아직 꺼지지 않은 강 건너 불빛을 안고
밤사이 안부를 묻는 듯이
늘 같은 방향으로 걷는다

이슬 아니면 서리로 젖은 지상
휘감아 불어오는 물결 무늬 강바람은
내 헐한 것들을 날리고
서 홀로 어둠이기 싫은 고요가
누운 것들을 깨우고 있다

날마다 떠올라도 날마다 새로운 태양
서강대교를 지나 마포대교 돌아
집으로 오는 길
세월 저만치
희망 앞세운 행복 가득한 내 발걸음

지식 창고

갈피마다 접혀있는 자국
반도 읽지 않고 접어둔 책장 모서리들
시작이 반이라는데 몇 줄 읽다가
일상을 분리하듯
저 멀리 밀쳐놓은 후
거들떠 보지 않고 무지만 읊고 살았다

길 있고 답 있고 진리가 있음을 알면서
쉬이 붙잡지 못했던 책들
날이 갈수록 메마르고 게을러지는 영혼을 위해
풍요로움 안겨다 줄
지성의 향기 품고 있는 꺾인 자국들을
낱낱이 바로 세울 일이다

순리

자연은 우리에게 많은 것을 무한히 주다가도
오만이나 교만으로 방심한다면
인류가 이루어 놓았던 눈부신 문명들을
무너트리거나
언제라도 저 어둠 속으로 집어삼켜서
파괴해 버립니다

인간세계와 수긍과 순응을 한껏 탐닉하는 자연
그러다 수틀리면 모두가 꼼짝 못 하게
무지막지한 분노로
속살 갈라
울어도 울어도
매몰차도록 자비 또한 없습니다

날이 갈수록 쇠잔해지는 기력
실체를 헤집지 못할 죽음 부추기는 늙음
머리 위에 백설은 내려앉고
꽃은 피는데
인생무상 읊조려야 하는 우리의 삶
자연은 인간에게 시샘을 쉬지 않습니다

더러는

끝을 잡기 위해서
사랑보다 더 사랑해야 하는 일

그 끝을 놓치지 않으려
몸 바쁘고 마음 바빴다

태산 같은 일도 쉬엄쉬엄
휴식은 나를 위한 고귀한 보너스

이제부터 부담과 염려를 덜어놓고
바둥대지 말고 살자

몸과 정신을 위한 휴식이야말로
지레 자멸하지 않는 길이다

행복한 우연을

애당초 기약이 없었던
그 후의 긴 기다림
한 시절 그 인연
굳이 안녕이란 말을 하지 않고
떠난 사람
영원히 마지막일 줄 예상하지 않았기에
난 몇 날 며칠을
견디기 힘든
고통 속에 있었지

시간 지나 아픈 상처가
모두 아문 후
어디에선가 아주 우연히 마주칠 수 있다면
조금은 겸연쩍지만
한때 풋사랑
티 없이 고운 그 시절의 나 그 시절의 너
다시 한 번
그 진실 그대로
우리 그렇게 마주 볼 수 있을까

유효기간

사막에서 발을 떼면 움푹 파인 자국 같은

헤매면 헤맬수록

뭉그러져 남아있는 흔적

분명 한때 아름다웠을 사랑이지만

이제 아무 쓸모없어진

맹세와 언약 부스러기

지워지길 바라는데 지워지지 않음은

잊히기까지가

아직 백 년이 채 안 되었기 때문이란다

호수의 꿈

호수는 욕망을 욕망으로만 견디기보다
차라리 이리저리 뒤척이며
물과 물끼리
때로는 아주 멀리 흘러가고 싶겠지요

삼백예순 닷새 내내 잔잔하다 못해
거울처럼 매끄러운 수면
모순된 진실에서 퍼덕이다가
파도 닮은 춤을 추고 싶기도 할 테고요

젖지 못할 목마름
흐름의 갈망을 아예 접어버린 저 연못
흘러들을 역설을 닮았어도
날마다 수평선 향한 큰 꿈을 꾼답니다

그도 그럴 것이

순환의 섭리를 믿으며
요동치는 롤러코스터 위에서
미완성을 탑승하고
위험천만의 스릴을 즐기는
이것이 인생일지 몰라

어떠한 예측도 불가능한 인생사
뿌연 안개 속
쫓고 쫓기어도 쪼들리는 삶
쥔 것과 놓은 것
소유와 무소유

보여 줄 것 없이
이루어 놓은 것 없이
그저 오래 살기는 싫다면서
검버섯이나 지울 걱정
그런 모순들이 인생 아니던가요

사색의 하늘

모처럼 올려다보는 가을하늘
가까운 듯 먼 하늘
젊은 날 꿈 바다이던 하늘
얼음장 같은 하얀 구름
자박자박 갈라져
어느새 커다란 코끼리가 되었다가
몽실몽실 내 시름과 무관한 양 떼가 되었다가
감내하기 힘든 진통 따위의
그리지 못할 형상으로 바꾸어집니다

솜이불처럼 폭신한 하얀 구름 위에다
무임승차 시킨 오늘의 고단은
이내 산발로 흩어지고
아까보다
더 곱고 화사하게 피어나는
송이송이 박꽃들이 유유히 떠도는 사색의 하늘
정화된 내 마음
혼란 가라앉아 시리도록 맑은 가슴
유리알보다 환하고 상쾌합니다

희생

낮게 들리는 건 뼈가 녹아내리는 소리다
땅속에서 죽은 듯 인고의 희생이 따른 뒤에야
비로소 움을 틔워
곧 세상 빛을 보게 될 새싹

꺼진 듯 꺼지지 않고 때를 기다린 한 몸
길고 길던 노역은 끝이 나고
기어코 땅을 밀어 올린 새싹 기운에 짜릿한
할 일 다 한 씨앗

어떤 노고도 저버리지 않을 기세
주어진 환경에서 풍성히 알찬 꽃과 열매 맺어
두루두루 헛헛한 공복 채워주며
행복한 노래를 하게 할 후예들

썩어도 썩은 것이 아니었으니
어머니가 나를 낳았듯
이 세상에 태어나서 어엿이 제 몫 다 한 한 톨 씨앗
훗날까지 그 노고 오래 남을 것이다

향수

갔다가 또 오고 왔다가 바로 또 가도
돌아서면 그리운 곳

가깝다면 가깝고
멀다고 생각하면 아주 먼

옛 추억이
날 기다리는 곳

가고 싶어도
마음처럼 쉽게 가지지 않는 그곳

가도 가도 그리운 맘
아주 가야 없어질 고향은 고향

시도 때도 없는 그리움
언제나 고향은 눈물짓게 한다

영원한 것은 없다

깊은 바다에서 파도와 적막에 모를 죽이며 은밀히 감춰져 있던 보잘것없는 조개껍데기, 그런 둔탁한 패각에서 얻어내는 휘황한 은둔의 빛, 보는 사람의 각도에 따라 발하는 색광이 천 개를 넘는다는 자개다.

그러나 패각이 제아무리 고운 빛깔을 머금었기로서니, 절대 그저 얻어지는 것은 아니다. 거친 껍데기를 셀 수 없이 깎고 또 깎고 다듬고 문지른 후에야 비로소 읽어내는 색깔과 빛으로 나전칠기로 거듭난다.

한시절 누군가의 안방에서 위풍 당당히 富의 척도를 대변해 주고 군림했을 아름답게 장식된 고급 자개장롱 한 세트가 시대변화의 벽을 넘지 못하고 추한 애물단지로 전락 된 채 아파트 한 귀퉁이에 나앉아서 비에 젖고 있었다. 대형문짝 가득 빽빽한 문양과 한눈에 딱 봐도 고급스러울 뿐 아니라 겉으로는 전혀 손색이 없었으며 그 위엄이 예사롭지 않아서 발길을 돌릴 수가 없었다.

산, 구름, 강, 사슴, 거북, 학 등의 십장생이 펼쳐진 수려한 산천과 명주실타래처럼 하얗게 흘러내리는 폭포, 나지막한 언덕 위에는 바람결에 한들거리며 춤을 추는 갈대가 있고 달빛 아래 학들이 무리 지어 소나무 숲을 새하얗게 뒤덮었으며 꽃나무와 백자항아리 그리고 초가지붕에 얹힌 옹기종기 박 덩이들이 몽환처럼 빛나는 더 이상 이보다 아름다울 수 없는 이상세계로의 서정과 순수세계의 무릉도원이 바로 눈앞에 펼쳐져 있기 때문이었다.

이 세상에 존재하는 순수 모두와 천년의 꿈을 꾸는 모든 것

인생과 더불어 숨 쉬고 또 숨 쉬지 않는 무상하고 무상한 것들을 무지개색 영롱함에 신비와 오묘함을 얹어 한 땀 한 땀 잘 보이지 않는 미립자까지 오로지 장인 정신으로 수천 번 수만 번 혼신 다하여 갈고 닦고 깎고 다듬질하여 색깔과 모양을 맞추어서 내놓았을 것임은 틀림없다.

어디 버려지는 것 중 아까운 게 이뿐이겠냐만 한낱 조개껍데기를 빌어 그 아름다운 별천지 세상의 대작을 손끝만으로 수놓았을 장인의 심혈은 가히 가슴 시리다.

전설 속으로 사라지는 것들의 씁쓸한 말로 앞에서 나는 이 대작을 위해 인내와 노력과 정성과 수고를 바쳤을 어느 이름 모르는 영혼께 비를 맞고 서서 "이 세상에 영원은 없다"라는 위로의 말을 중얼거리고 있었다.

세상 모든 엄마

눈에서 멀어진 꽃내 젖내 금지옥엽
품 떠나간 지 오랜데도
끊을 수 없는 연결고리
먹었는지 입었는지 날마다 그 걱정
머리 지끈 아프게 한다

단지 엄마라는 이유 하나로
전화벨 울릴 때마다
심장이 덜컥대고
이슬비만 내려도
살얼음 바작거리는 소리로 들리다니

나도 누군가의 자식이었다만
다 자라면 타인 아닌 타인이거늘
눈앞에 있어야 좋고
내 손 닿아야 안심되는
이것이 세상 모든 엄마 마음아닐까

제5부

닮은 꼴

가을 들판이 사뭇 그리워지는 것은
은빛 세상 있기 때문

칼날 서슬인들
세월 이기는 장사 없는 것

찬 서리에 젖을 대로 젖어
흐느끼는 억새야

휘휘 무심히 지나치는 저 매정한 바람 소리
사랑의 노래로 들으려무나

세상 끝자락 싸늘한 한기로
누렇게 빛대어

동화나라인 양 언 채로 떨고 선
대꼬챙이 그 근성

사그락사그락
더 서러운 네가 있어서 위안 삼는 나

야윈 몸 천근 무게로 우는 네 심정
나만은 알고 지나간다

도대체

새벽 댓바람부터 달콤한 첫정을 나눈
해찰궂은 저 나비
고물고물 사랑 흔적
금빛 싸라기 꽃 분 묻힌 긴 구레나룻

엊저녁 달도 숨고 별도 숨었는데
밤 사이 핀 꽃 어떻게 알아냈을까
날 밝기도 전에
이미 꽃송이 헤집고 가는 나비

부드러우면서 얇고 널찍한 날개로
날을 듯 앉을 듯한 몸짓
벌처럼 요란하지 않은 하늘하늘 저 춤사위
우아하고 예쁘기도 하다

봄을 기다리며

아직은 꿈으로 살고 싶은 마음
설렘 환상 기대 그러한 것들이 합쳐져서
무엇과도 바꿀 수 없는
삶의 하모니였으면 좋으련만

아직은 등 기대이지 못할 차가운 얼음장벽
대지마저 방관하고
온다던 사람 올 기미가 없는데
나는 누구에게 위로받을까

두려움이 일부가 된 긴 겨울
갇힌 듯한 고립 속에
살갑도록 고운 빛 기다리며
몇 번인가 남았을 지상의 한때를 꿈꾸련다

어쩌라고

이미 시들어 말라버린 꽃송이
그 위에 퍼붓는 장대비
불 꺼진 후의 소방차 같지만
난들 어쩌라고

손가락 찔려가며 꺾어야 꺾어지는
아름다운 줄 장미
뾰족한 저 가시
애먼 핏방울

검은 물을 들여봐도
얼마 못 가서 다시 하얘지는
할 수도 안 할 수도 없는 머리염색
대체 어쩌자는 거냐고

신세계

유유자적 바깥세상을 내려다보며
커피 향 풀풀 나는 카페
커다란 창가에 앉아
때론 소소한 수다로 호사 누리고 싶을 때 있다

주스나 커피잔이 한두 잔씩 올려진 테이블
새삼 놀랄 일 아니다마는
창가란 창가는 싹 다 차지한 채
누구 없이 노트북 삼매경인 진풍경

조용조용 넘어가는 책장
작은 소음도 과민 반응해 주는 도서관을 두고서
옆 테이블 음악 소리 온갖 웅성거림도
아랑곳없는 모호한 분위기

문화도 문화이려니
옆 사람과의 대화도 눈으로만 하게 하는
알다가도 모를 저 풍조
왜 유독 내게만 허세로 보이는 걸까

환상을 쫓다

검푸른 속살을 아침하듯이 베고 누운
수면 저 멀리
숨 막힐 듯한 침묵
하늘 말고는 아무것도 보이지 않는 바다
끊임없이 산란하는 은빛 조각은
물결과 물결들의 몸부림인가 봅니다

살갗 맞닿을 인연 찾다 보면
추측 사이사이 황홀 지경의 신비도 있었겠지만
그러해도 세월은 나를 버릴 것
서러이 서러이
중천을 따라 오는 파리한 낮달
다가가면 갈수록 더 멀어지고 마는 수평선

해풍 지난 자리에 파도 덮치고
갯내가 코끝 스쳐
끈끈함과 비릿함이 이제 겨우 만남의 서막이라면
가쁜 호흡으로나마
있는 힘 다해 산처럼 일어나서
저 수평선 날을 한 마리 새가 되렵니다

모두가 흘러간다

세상을 내다볼 줄 아는 안목도
어떤 계획도 없으면서
온천지 지뢰처럼 깔린 덫을 피해 가며
용케도 버텨 온 지난날

까맣게 잊고 있었던 얼굴 하나가
갑자기 떠올라
꾸역꾸역
지난 세월을 되짚어 봅니다

세상 물정 모르고 야물지도 못한 채로
꿈 찾아 헤매며
하얗게 울어야 했던 많은 밤
지내놓고 보니 그마저 그립습니다

돌아보면 다 눈물
돌아다보면 모두가 그리움
하루도 안 보면 못 살 것 같던 친구
시간은 그 얼굴을 지웠습니다

객지 친구

맨손에다 맨발에다 무엇 하나 보여 줄 것도 없고
무엇 하나 내세울 것도 없던 촌뜨기
게다 가엽고 투박한 사투리까지
그러나 진실과 참모습 알아주던 유일한 친구
의지하고 기대고 콩 반쪽씩도 나눠 먹은 세월 있었건만
야속하게도 피붙이만 한 정은 못 되었던지
헤어진 후로는 감감무소식
꿈속 안개만큼이나 아슴아슴 흐려져 찾지 못할 인연
연락해 볼 길도 연락받을 길도 알 수 없는
객지 친구는 어디까지나 객지 친구이고 말았다

다락방 사수

오롯한 녹물로 가득 차 순환되지 않는 머릿속
기억은 망각과 충돌하여
어느 사이 맑음이 모두 흐려졌다

아아!
무지개 꿈도 그 뜨겁던 열정도
한눈파는 사이 바람 새듯 새고 말았구나

날이 가면 갈수록 퀴퀴하고 어둑해지는 나의 다락방
공간마다 덮치는 어둠
깜박깜박 예고 없이 찾아오는 불청객

재생해야 할 기억이 흩어지는 허공
고독을 베고 누워
가물거리는 한줄기의 흐릿한 등불을 지키기 위해

오늘도 으스러진 관절로
삐걱대는 사닥다리 오르내리며
바람을 막아 내느라 필생으로 안간힘 쓴다

일탈

가끔 삶이 무료하고 따분하다든가
열정이 사라진다면
과감하게
그리고 또 자유롭게
싱그러운 눈망울이 물결처럼 출렁대는
열기 속에 뒤섞여보시라

젊은 혈기들이 삶의 의욕을 소환하는 거리
무한한 미래가 들썩거리는 거리
젊음이 열광하고
밤을 태우는
어떤 이에겐 낭만의 영토
또 누군가에겐 애수 적시는 거리

과거를 찾고 싶거나
엉거주춤 지금 현실이 팍팍하다 생각되면
빠닥빠닥 젊은 듯 옷깃 세우고
이번 주 금요일에
약속은 없어도
우리 홍대 앞에서 만나요

가장 가깝고 가장 멀다

엘리베이터에서 내리자마자
벽기둥을 사이에 두고
같이 묶여서 같이 떠받들리어 있는
일상이 공유되는 통로

오른쪽과 왼쪽
각자 분리된 높고 높은 성벽 아닌 성벽
마주 보는 두 철 대문
가깝고도 먼 이웃

매일 부딪쳐도 매일 초면
다가오지 않아
감히 다가가 볼 생각조차 하지 않는
언제나 멀고 먼 앞집

낯선 듯 귀에 익숙한
하루에도 몇 번씩 여닫치는 불시착 도어록
저 천 리 밖의 사운드
무거운 냉기류만 허공 넘나든다

종로 노신사

바깥만큼 혼잡하지 않은 종로 어느 카페
도식적 면모에 푸근함이 묻어나는
팔십 훌쩍 넘었을 노신사
무시로 입에 갖다 대는 커피잔
근사하게 잘 어울리는 멋진 모자가
가려있는 머리쯤은
궁금증을 불식시키는데
그를 감싼 퀴퀴한 공기
꽤 먼 기억에서라도 헤매시나 보다

커피 향에 분산되며 적막은 시간과 뒤섞이고
내비쳐오는 사뭇 쓸쓸함
필시 편편한 심상만은 아니신 듯
이곳저곳 띄엄띄엄 테이블 비워져
썰렁함 몰리고
별안간에 무슨 기억이라도 되찾았는지
벌떡 일어선 노신사
비스듬히 기울어진 어깨
세월 무게 한쪽으로 둘러메고 나가셨다

몸살 원인

한 치 앞이 보이지 않는 모래바람 속
사막을 걷는 나그네 목마름
잘 다져지지 않고 비옥하지도 못한 텃밭에서
무거운 올무를 쓰고
고뇌 반 번민 반 떠오르지 않는 단어 하나로
여러 날 동안 온밤을 지새웁니다

날 밝을 때까지 힘들게 작성한 문장들이
감성의 꽃이 되길 바라지만
먹어도 먹어도 배부르지 않던 여름날
한 수저 밀죽처럼
사랑을 사랑이라 제대로 적지도 못했는데
헛헛한 가루가 되어 훅 날아갑니다

누군가가 읽어 주거나 읽어 주지 않아도
대리만족의 창구
내 안의 부재와 소통하는 위안처
시도 때도 없는 희열과 알량한 문장 한 줄로
망망대해를 허우적이며
심한 몸살에 끙끙 앓다 일어납니다

고집

느슨한 촉각을 마비시키는 짙푸름
누운 듯 수직으로 치솟는
시오리 행군
이파리마다 정염 쏟으며
벽돌집을 칭칭 감고 있는 담쟁이넝쿨
괄호처럼 굳게 닫힌
창문을 훌쩍 거슬러 넘어
승승장구 오름세
기어코 끝이 어딘지 알아볼 기세다

한낮이 펄펄 끓는 칠팔월
불볕 무더위도 아랑곳하지 않는
시퍼런 이파리
커피잔이 들여다뵈는
불이 켜진 작은 창문 섬처럼 남겨놓고
핏줄 따라 엉키며
수직으로 향하는 푸른 꿈
오랜 기억을 깨워
한사코 저 은하까지 닿을 거란다

객기

싸늘히 차츰차츰 식어 가는 나의 대지
온기 없는 육체

아무리 마음 열고 귀 열어 봐도
따라잡을 수 없는 젊음

호기롭게 부르짖는
객기에 찬 푸념

허공에 메아리가 되는
최후 발악의 불치병 중 불치병

몸은 늙어도 마음은 청춘
착각은 자유라지만

그러나 이 처방은 지금 나에게
유일한 특효약이자 치료제고 안정제다

때론

오늘은 내일을 위해서

새로운 나로 재탄생하는 기회와 여유를 가지자

어제와 다른 공기

우리 한번 나그네가 되어 보는 거야

낯선 부류의 인간 본질과 또 그 가치와 부딪치는 일

길 위에서 맞닥트릴 금빛 새로움

내가 나를 찾아서

우리 언제라도 삽작을 박차고 뛰쳐나가보자

현실도피도 때로는 보약일 수 있다

아가 웃음

멀리 또 가까이 들리는 진실의 종소리
맑고도 투명한 소리
옥구슬과 옥구슬 맞부딪는
청아한 웃음
솜사탕처럼 부드러운 웃음은
화사한 봄 햇살 닮은 천사 나팔 소리다

세상 모든 내음

한 아름 꺾어다가 머리맡에 놓아두고 싶은
늦가을날 등촉처럼 환한 들국화
노란 송이송이
안부를 대신하는 선물 같은 저 향기

제각각 다른 모습으로 살아가는
세상 사람들
삶의 버거움과 환희에 찬 출렁거림
비틀거리며 흥얼대는 박자 잊은 노래의 향취

뜨겁게 요동칠 삶의 언저리
코끝을 감돌며
날마다 유혹하는
익숙하지 않으면서도 익숙한 짙은 커피 향내

한 많고 시린 삶의 어귀
불현듯 떠오르는 모진 한 생애
세월 수없이 흘러가도 진정 잊을 수가 없는
아련한 내 어머니 젖내음

기다림

잎 떨구어낸 앙상한 가지마다 일제히 향한 북쪽
추운 겨울을
그대로 다닥다닥 얼어붙어 있는 목련봉오리

순백한 정취로
고운 향유 가득 담아 우주 정적을 깨워 줄
모질게 앙다문 목련꽃 봉오리

기다림은 아픔 기다림은 희망
결코 헛되지 않은 시간
난 네가 차라리 죽은 줄 알았다마는

차디찬 폭풍 한설 매서운 추위를 다 견뎌내고
끈질기게 묵히고 묵혔다가
온 세상 환희로 가득 채울 판타지아

저 언 땅 녹아내리는 날에
기적처럼 살아나서 나 보란 듯이 터트릴 기세
북풍 맞서 버텨야 할 목련봉오리 장하다

애정의 싹

유령처럼 떠올라서
나도 몰래 가끔 넋 나간 듯 멍 때리게 하는
눅눅히 젖어진 사연

얼떨결에 흘려 넘긴 그 메시지
즉각 반사시키지 못한
처음 느껴 본 짜릿하고도 묘한 여운의 시선

가슴 쿵쾅대도 우물쭈물 어쩔 줄 몰랐던 건
그때의 나
아! 미처 사랑을 몰랐다오

제 6 부

평등사회

산과 들에 지천으로 퍼져 있는
천덕꾸러기 야생초
그러나 한결같이 질기게 버티는 생명력
당당한 짙푸름

타드는 가뭄에 물 한 방울 못 적시면서도
백 년을 살 것처럼
어우렁더우렁
평화로운 초록 세상

한세상 기꺼이 대자연을 장식하고 있지만
숱한 홀대 괄시 박절에도
의붓자식인 양
투정할 처지가 아님을 잘 아는 야생초

우리들의 그리움인 저 푸른 초원 들녘
척박한 그들 세계
마디마디 마디고 설은 삶에는
반목도 저항도 대장도 졸병도 없습니다

잡초의 내력

그저 분방한 자유로 얽히고 또 설키어 사는
흔한 잡풀
잡초인 듯 잡초 아닌 듯
단순한 그들만의 철학으로
어수선히 자리를 잡고
구릉에서나 비탈진 곳에서나 혹은 바위 틈새에서나
일 년을 천 년처럼 즐기다가
미련 없이 망가집니다

천하고 천한 생명을 이어가는 질긴 한 생애
살짝 그 삶의 내면 들여다보면
아무도 관심 없고
귀하지도 않은 꽃과 열매로
척박하고 삭막한 대로 진지하게 살아가는 그들 사회
좋아도 일 년이요 싫어도 일 년
한해살이 잡풀
주어진 생을 겸허하게 음미합니다

잡초의 사생활

불타는 태양열을 읽는 계절
여기저기 마음 열어 저마다의 개성과 매력으로
열매 맺고 꽃 피우는 잡초
잡초들은 인간에게 별 도움이 되지 않는
그저 하찮은 존재여서
뿌리까지 송두리째 뽑혀 나가거나
때로는 잡풀로 매도당하여
관심 밖으로 밀려나는 찬밥신세에
부화 치밀 종류도 많을 것이다

광활한 천지간에 흔하고도 흔한 잡초
그들 사생활을 가만히 엿보면
그다지 천적이 없을 것 같은데도
어마어마한 가시로 온몸을 무장한 잡초
억센 잡초와 키 큰 잡초와 땅바닥 납작 엎드린 잡초
빌붙은 것 모자라
남의 몸을 칭칭 감아 옥죄며 사는 잡초
복잡하고 다양한 인간사만큼
그들 사회도 참으로 각양각색이다

별의 내력

총총히 박혀있는 수억 노란 별들 너머로
애수가 포개지면
잃어버린 시간에서 꿈처럼 깨어나
눈에 한가득 들어오는
하얀 뼛조각을 닮은 별 무리
그것은 그리움

별 하나 나 하나
눈물 한 방울 눈물 두 방울
별빛 따라 시린 사랑
별 셋 나 셋
눈물 넷 눈물 다섯
아롱져 오는 옛 노래

다시 부는 찬바람
어두운 밤하늘을 아름답게 수놓은 별들
그보다도 더 일찍
언젠가
방울방울 흘린 내 눈물
오늘 밤 저 하늘 별로 다 떴습니다

회상

헤어 나와지지 못하는 시간의 늪
미련에의 몸부림
고요한 허공에서 흐느끼듯 맴도는
옛 노래 함께
사랑 변하던 날 온통 달라질 것 같은
그날의 기억
세월 흘러도 심장을 조이며 애수 묻혀 다가오는
저 젖은 눈동자
천년이 사라진다 해도 잊지 못할
이제 말할 수 있는
그것은 영원을 담은 사랑이었다

태초의 사람들

지금은 어디론가 사라지고 없는
하얀 은유로만 뿌리내렸던
청춘의 하루하루는
샛별처럼 맑고 박하사탕처럼 청량했었지

새초롬히 흔들리는 꽃송이
세상 밖의 세상과도 같은 순수시대
그립고 그리운
두 번 다시 있지 않을 아쉬운 날들이여

이 나이 되어서 뒤돌아보니
그때 스쳤던 인연들은
하늘이었고 꿈이었고 등불이었고 노래였고
모두 초원 위의 양들이었다

핑계

머리가 가슴을 해독하지 못하는 우매함을
마음은
잘 알고 있는 것 같아도
사실 새카맣게 모르는 일일 뿐

보고 싶은 생각이 문득문득 드는 것은
머리로는 잊었다지만
가슴 깊숙하게
정작 그 정 남겨 놓았기 때문이리

회한

오는 듯 가버린 사랑 그 후
빼저린 아픔 용케 견뎌 온 것 같아도

믿기든 안 믿기든
지금까지 나는 더듬이가 없이 살았다오

은신 중

차가워진 심상 위
윙윙 창문을 스치며 무심히 지나가는
외로운 영혼의 바람 소리
문간에 떨구고 간 노래는 얼어붙고
저릿해진 한기
모두 눈물 되어야 할 것들 두고
침묵이 점령해 와서 햇살마저 단절시킨 그 뒤
기억도 얼었는지
창문조차 열어지지 않는다

오한으로 떨게 하는
무게 없는 겨울은 매몰차게 차가운데
기나긴 기다림이 전부인 나의 속내
혼돈의 어귀에서
산 같은 후회들이 가로막아 갈 곳을 헤매게 해도
나는 길을 묻지 않을 것이며
생명 있는 것의 출생을 알지 못하는
이 겨울 동안은
뒤도 돌아보지 않을 작정이다

시크릿

높고 맑은 가을하늘
가끔 하얀 섬들로 가득 차는 하늘
어쩌다가 원망 같은 먹장구름에 뒤덮인다면
이내 푸름 그리워지는 하늘

닿을 듯이 닿지 않을
가까운 듯 먼 하늘
닿고 싶어도
기다림 밖에 닿지 못하는 저 하늘

뜻대로 살지 못한
시린 과거를 은밀하게 보관해 둔 곳
허물어진 것들을 쌓아둔
내 유일한 공간

사색이 궁핍해지는 날
그 누구에게 보여 주지 않은 순수 모두 꺼내어
뭉게뭉게 하얀 구름
그 위에다 살짜기 펼쳐볼까나

번개

먹는 것도 싫고 움직이기는 더 싫고
무기력 속에 퐁당
비몽사몽
나태라는 깊은 늪에 빠져들어 허우적이는 오후

부리나케 기웃거리며
가는 건지 오는 건지 분간키 어려운
발아래서 알짱거리는 개미무리
아! 삶을 순종하는 저들

언제 보아도
성실하고 부지런한 개미의 세계
신께서 보시기엔
우리 인간도 저 개미들 보듯 하시리라

번쩍이는 번개 섬광에서 자아가 깨어나
부랴부랴 조급해진 마음
발밑의 개미들이 다칠까 봐
작두 타듯 조심조심 자리를 떴다

노을

어떤 언어로도 그 어떤 그림으로도
번역되지 못하고 해독하지 못할
소리 없는 정갈한 언어
이 세상의 것도 아니면서 가슴 시리게 하는
심금 울컥한 저 메시지
하늘의 편지
들릴 듯 들리지 않는 누군가의 이야기
모두 나의 이야기
기꺼이 기꺼이
순결한 정취로 화답을 하리오

오늘 하루를 음미하는 성스러운 하늘가
청량하고 섧은 저 피상적 울림
가만히 응시하는 노을은
산호보다 붉고
장미보다도 더 붉은 빛
화려하고 웅장한 협주곡에 도취 된 마음
하루의 한쪽에서 나를 내려놓은 후
결 고운 수묵화 어둠을 베고
고요히 고요히
이 밤 삼라만상을 음미하리오

아틀리에

작가 미상의 커다란 추상화 한 점
붉은 서녘 하늘에
피카소도 고흐의 것도 아닌
경건한 명상 속에 푹 잠기어 들어
무언으로 안내되는 화폭
자세히 보면 사랑 색 눈물 색 이별 색이다

가슴 스미는 빛살 여운
지금 두 눈엔
저 웅장한 영혼의 색채 이외의 것은
아무것도 들어오지 않아
멍하니
홀린 듯 서 있는 아틀리에 앞

심장으로 허파로 파고들어
설명도 필요 없이 아릿한 슬픔 되는 화폭
뜬 듯 감은 듯
넋을 잃고 바라보면
누군가의 체온 없이도 가슴이 뜨거워져서
쉽게 발걸음이 떼이지 않는다

성깔

열정과 무기력이 혼재된 자리
운명이거나 아니면 그 흔한 팔자거나
빗장을 풀어야 할
중간 어디쯤
사랑이라 여기며 가슴 앓은
더 이상 다가가면 안 되는 날들을 지나고

속까지 얼어 있는 이 겨울날
누구랑 통화나 해서 언 마음을 녹여야지
번역하기 힘든 긴 신호음
이 순간 더듬고 있던 기억마저 영영 사라지게 하며
군더더기로 되돌아오는
영혼 없이 냉랭한 쩌렁거림

안 터지면 속 터지는 익명의 전화번호들을
친절히 눈길 치워내듯
일말 여분 없이
과감하게 수신 거부로 비워내고
포켓 깊이 집어넣은 핸드폰
아까보다 훨씬 센 외로움 채워져 무겁다

그 방

엄마 온기 사라진 방
적막이 밀려오고
무서움도 밀려오고
그보다 더 세게 밀려오는 배고픔

햇빛마저 그냥 지나치고
덩그러니
온종일 냉기만 쭈그려서
감히 디밀어 보지도 못하는 달빛

동굴도 골방도 아닌
어둡고 칙칙하고 썰렁하고 차가운 방
벽과 벽은 남루하여
더 남루했던 나의 마음

얼룩진 눈물
누군가의 장난과도 같았던 뒤안길
먼 길 돌고 돌았어도
회색 과거의 감촉은 싫다

내 편

어리석음이란 착한 것과 다르다는 것을
이미 헤아렸음인지
청순함을 넘어 걱정스럽게 바라보는
순수함만 비칠
원시 본능의 눈동자
의미심장하고 해맑은 저 표정

정신없이 내달리는 차창 밖 풍경처럼
금지된 것들을 지키며
쏜살같은 세월에도
앨범 속을 빠져나오지 않고 있는 한 소녀
늘 변함없는
여전히 풋풋한 미소

고스란히 간직한 태초의 속살로
푸르던 청춘의 헌 갈피를 넘겨 가며
굽이굽이
목울음 울어
허접한 이력으로 걸어온 발자취
꼭 질곡만은 아니었노라 위로합니다

시간 이야기

기억 그 위에 서 있는 의문 속의 시간은
희로애락에 묻혀
찰나로 사라져 가 버려도
과거만은 영원불멸이다

눈뜨자마자 화장실 물 내리는 소리를 듣는다면
벌써 하루가 가는 중이고
서리가 내렸다면
어느새 미리 위로 또 한 계절이 바뀌었다

다시 오지 않을 소멸과 존재 사이
누구나 시간의 노예로 얽매여 살아가지만
바람처럼
얽매이지 못하는 것 또한 시간인 것을

심장 맥박같이 째깍거리며 초조케 하는 벽시계 초침
내 갈 곳 모르듯
아무리 살아도
저 시간이 흘러가는 곳을 알 수 없다

혼돈의 시절

살아 온 시간 보다 살아갈 시간이 짧아
마음은 바쁜데도 알 수 없는 좌표
목적도 없이 정처도 없이 떠나야 하는
나를 실은 작은 배

날빛 행로에 마음마저 우울하고
어딘가에서 편히 있길 바라고 있으면서도
대답 없을 물음
구태여 알고 싶어지지 않은 심사

설움이 등을 타고 흘러내린 그 이후
너는 없고 무심한 파도만 오가는 바다
아직 정박할 곳 멀고먼데
심술궂은 바람이 배를 흔든다

가을비에 기댄 하루

기다리지 않아도 뜨고 지는 태양
생각이 건조한
오늘 하루쯤은 비라도 괜찮다

가슴 적시고
세상을 적시며
스산하게 내리는 비

머리에서 등줄 타고 흘러내려
어딘가로 닿을
기억의 강을 찾는 빗방울

나지막하게 들려오는 울음 같은 빗소리
눈물 닮은 빗물
그저 오늘 하루쯤은 비라도 괜찮다

일출

침묵의 하늘 용광로처럼 활활 태우는 새벽
감성과 배려로 샘물처럼 솟구치게 하는 생의 기쁨
누군가의 육신을 씻어 줄 차마 차마 눈이 부신 겸손으로
심장을 박동시키며 암흑천지를 밝히는
붉고 찬연한 신기루

꿈이 잉태된 오늘의 이야기를 듣기 위한
신비와 사색이 주르르 흘러내려서 가팔라지는 호흡따라
가슴에서 가슴을 숙연케 하며
저 뜨겁게 분출하는 동녘의 수억 존귀함
내 어찌 펄펄 끓는 저 둥근 속내를 다 알리오

사로잡아 품에 넣고 싶은 빛
미물들까지 깨우는 가장 조물주 위력다운 감성과 장엄함
그리고 우렁찬 빛의 아우성
천지를 밝히며 오늘 하루 삼라만상의 심장부를 가로지를
붉은 태양
그 속에 빠져들고 싶은 살아 움직이는 핏덩어리

미움과 원망 증오와 탐욕과 욕망을 털어내고

새로운 도약을 위해 뜨거운 마음가짐으로 시작할
붉게 동 틔우는 일출의 의미 앞에
근심 걱정 접어두고 고단함을 내려놓고
오! 우리 모두 희망찬 내일을 위해 빛으로 오는 저 찬란한 태양을 마중합시다

계간문예시인선 195

이태순 시집 _ 그 방

초판 인쇄 2023년 12월 20일
초판 발행 2023년 12월 27일

지 은 이 이태순
회 장 서정환
발 행 인 정종명
편집주간 차윤옥

펴 낸 곳 도서출판 계간문예
주 소 03132 서울 종로구 삼일대로 30길 21 종로오피스텔 1209호
전 화 (02) 3675-5633 팩스 (02) 766-4052
이 메 일 munin5633@naver.com
홈페이지 http://cafe.daum.net/quarterly2015
등 록 2005년 3월 9일 제300-2005-34호
연 락 처 03132 서울 종로구 삼일대로 32길 36 운현신화타워 305호
인 쇄 54991 전북 전주시 완산구 공북1길 16, 신아출판사
ISBN 978-89-6554-285-8 04810
ISBN 978-89-6554-118-9 (세트)

값 15,000원